TRABAJA DESDE CASA COMO ESPECIALISTA EN DATA ENTRY

CONTENIDO

INTRODUCCIÓN

CONCLUSIÓN

INTRODUCCIÓN

En la era digital, donde la información fluye como un río constante, la habilidad de ingresar datos de manera eficiente y precisa se ha vuelto más crucial que nunca. Bienvenido a "Dominando el Arte del Data Entry", tu guía esencial para adentrarte en el fascinante mundo de la gestión de datos.

En este libro, exploraremos el papel fundamental del data entry en el tejido mismo de la toma de decisiones empresariales. ¿Alguna vez te has preguntado cómo las empresas mantienen sus registros, analizan tendencias o toman decisiones informadas? Aquí es donde entra en juego el data entry, una disciplina que va más allá de simples pulsaciones de teclas.

Comenzaremos por establecer los fundamentos, desglosando el significado de la data entry y su evolución a lo largo del tiempo. Descubrirás las habilidades esenciales necesarias para sobresalir en este campo, desde la precisión quirúrgica hasta la capacidad de gestionar grandes cantidades de información sin perder de vista los detalles más pequeños.

A lo largo de estas páginas, exploraremos las herramientas y tecnologías que impulsan el data entry moderno. Desde el omnipresente Excel hasta las últimas innovaciones en reconocimiento óptico de caracteres (OCR), te equiparemos con el conocimiento necesario para destacar en tu papel como artista de la data entry.

Pero el data entry no es solo sobre la entrada mecánica de información; es un arte que requiere una comprensión profunda de la calidad de los datos. En este viaje, aprenderás las normas y buenas prácticas que garantizan la integridad de la información y cómo evitar los errores que podrían afectar la toma de decisiones críticas.

La seguridad y confidencialidad son aspectos no negociables en el mundo del data entry, y dedicaremos un espacio especial a explorar estrategias para proteger la información sensible. Además, te sumergirás en la optimización de procesos, descubriendo cómo la automatización y la integración de sistemas pueden llevarte más allá de la mera entrada de datos, hacia una gestión de la información más eficiente.

A lo largo de este viaje, encontrarás casos prácticos, ejemplos reales y consejos directos de profesionales que han marcado la diferencia en el mundo del data entry. Cada capítulo te acercará más a la maestría en esta disciplina, culminando en un vistazo al futuro, donde las tendencias emergentes y las oportunidades te esperan.

Así que, sin más preámbulos, prepárate para sumergirte en el arte del data entry. Este libro no solo te proporcionará conocimientos técnicos, sino que también te inspirará a perfeccionar tus habilidades y convertirte en un experto en la creación y gestión de datos. ¡Comencemos este emocionante viaje juntos!

CAPÍTULO I

Fundamentos del Data Entry

¿Qué es la entrada de datos?

La entrada de datos, también conocida como data entry, es el proceso de ingresar información de manera manual o electrónica en una base de datos, sistema de información o cualquier otro tipo de programa computacional. Esta información puede ser alfanumérica e incluir datos como números, fechas, direcciones, nombres, entre otros. El objetivo principal del data entry es capturar, organizar y almacenar datos de manera precisa para su posterior uso y análisis.

EJEMPLO MÁS COMUNES DEL DATA ENTRY

Recepción de Datos: La información puede provenir de diversas fuentes, como formularios impresos, documentos escaneados, correos electrónicos o cualquier otro medio que contenga datos que necesiten ser registrados.

Ingreso Manual: En el método tradicional, los operadores de data entry introducen los datos utilizando teclados o dispositivos de entrada, como escáneres de código de barras.

Ingreso Electrónico: Con el avance de la tecnología, se utilizan herramientas y software especializado para facilitar la entrada de datos, como hojas de cálculo (Excel, Google Sheets) o sistemas de gestión de bases de datos.

Verificación y Validación: Una vez ingresados, los datos suelen ser verificados y validados para garantizar la precisión y calidad de la información. Esto puede incluir la corrección de errores tipográficos, la validación de formatos y la eliminación de duplicados.

Ejemplo de servicio del Data Entry:

Un ejemplo común de data entry se encuentra en el ámbito de la atención al cliente y el comercio electrónico. Imagina una tienda en línea que recibe pedidos de clientes. El proceso de data entry aquí implicaría la captura de la información del cliente y del producto comprado para su registro en el sistema. Un operador de data entry o el sistema informático registraría datos como el nombre del cliente, la dirección de envío, los artículos comprados, las cantidades y los precios. Este proceso asegura que la empresa tenga un registro preciso de las transacciones, lo que es esencial para la gestión de inventario, la facturación y la atención al cliente.

Importancia del Data Entry paraEmprendedores Freelance:

Ahorro de Tiempo:
- Los emprendedores pueden centrarse en hacer crecer su negociomientras delegan la entrada y organización de datos a un freelancer. Esto ahorra tiempo valioso que pueden invertir enactividades más estratégicas.

Toma de Decisiones Informada:
- La organización efectiva de datos proporciona a los emprendedores la información necesaria para tomar decisiones informadas. Un freelancer de data entry puede asegurar que la información esté disponible y sea fácilmente accesible cuandose necesita.

Reducción de Errores:
- La precisión en la entrada de datos es crucial para evitar errores costosos. Como freelancer, tu atención al detalle garantiza que lainformación sea exacta y confiable.

Ahorro de Tiempo:

- Los emprendedores pueden centrarse en hacer crecer su negociomientras delegan la entrada y organización de datos a un freelancer. Esto ahorra tiempo valioso que pueden invertir enactividades más estratégicas.

Toma de Decisiones Informada:

- La organización efectiva de datos proporciona a los emprendedores la información necesaria para tomar decisiones informadas. Un freelancer de data entry puede asegurar que la información esté disponible y sea fácilmente accesible cuandose necesita.

Reducción de Errores:

- La precisión en la entrada de datos es crucial para evitar errores costosos. Como freelancer, tu atención al detalle garantiza que lainformación sea exacta y confiable.

Flexibilidad y Escalabilidad:

- Al trabajar como freelancer, ofreces a los emprendedores la flexibilidad de contratar servicios de data entry según sus necesidades. Además, tu capacidad para adaptarte a diferentes proyectos y escalas garantiza una solución personalizada.

Colaboración Remota:

- En el mundo del freelance, donde la colaboración remota es común, tu capacidad para realizar data entry desde cualquier ubicación brinda una solución conveniente y eficiente para los emprendedores que buscan servicios externalizados.

Como freelancer especializado en data entry, puedes desempeñar un papel esencial en la simplificación y optimización de las operaciones empresariales para emprendedores y pequeñas empresas. Tu capacidad para organizar datos de manera eficiente y proporcionar información valiosa puede marcar la diferencia en el éxito de tus clientes.

Seguimiento de Clientes: En entornos empresariales, la entrada de datos se utiliza para mantener registros precisos de la información del cliente. Esto incluye detalles de contacto, historiales de compras y preferencias, lo que es esencial para brindar un servicio personalizado y mejorar las relaciones con los clientes.

Cumplimiento de Normativas y Regulaciones: En sectores que están sujetos a regulaciones específicas, como el financiero o el de la salud, la entrada de datos precisa es esencial para cumplir con las normativas y garantizar la seguridad y privacidad de la información.

Trabajo Remoto y Colaboración: En un mundo cada vez más digital, la entrada de datos se ha vuelto esencial para permitir el trabajo remoto y la colaboración en línea. Los datos pueden ingresarse desde ubicacionesremotas y compartirse de manera instantánea.

Aplicación del Data Entry como FreeLancer: Organización de Datos paraEmprendedores

Como freelancer especializado en data entry, una aplicación valiosa de tus habilidades podría encontrarse en la organización de datos para emprendedores y pequeñas empresas. A menudo, los emprendedores se ven abrumados por la cantidad de información que necesitan gestionar, y ahí es donde entra en juego el data entry para proporcionar orden y eficiencia.

Proceso de Data Entry para la Organización de Datos Empresariales:

Gestión de Contactos:

- Como freelancer, puedes ayudar a los emprendedores a organizar sus contactos comerciales. Esto incluirá ingresar y actualizar detalles de clientes, proveedores y contactos clave en una base de datos, facilitando una comunicación más efectiva.

Registro de Gastos e Ingresos:

- Llevar un registro preciso de los gastos e ingresos es vital para el éxito financiero de cualquier emprendedor. Utilizando hojas de cálculo u herramientas especializadas, puedes ingresar y clasificar transacciones financieras para facilitar la contabilidad.

Seguimiento de Inventarios de Productos:

- Si el emprendedor vende productos físicos, puedes ayudar en el seguimiento del inventario. Esto implica ingresar nuevas adquisiciones, actualizar niveles de stock y registrar ventas para mantener una visión clara de las existencias.

Programación de Citas y Eventos:

- Ayudar a organizar la agenda del emprendedor mediante la entrada de datos relacionados con citas, reuniones y eventos. Esto garantiza que no se pierdan oportunidades importantes y que la gestión del tiempo sea eficiente.

Creación de Informes y Dashboards:

- Utilizando tus habilidades en software especializado, puedes crear informes y dashboards que brinden a los emprendedores una visión rápida y clara de diversos aspectos de su negocio, como las tendencias de ventas, la situación financiera y el rendimiento general.

CAPÍTULO II

Habilidades Necesarias para el

Data Entry

Habilidades del Especialista en Data Entry

En este capítulo, exploraremos las habilidades clave que hacen del Especialista en Data Entry es un profesional destacado en la captura de datos precisos y la obtención de información valiosa de la web.

- **Entrada de Datos:** Proceso de introducir información en sistemas informáticos, bases de datos u hojas de cálculo, asegurando la precisión y consistencia de los datos ingresados.

- **Investigación Web:** Búsqueda y recopilación de información específica en internet, utilizando diversas fuentes y herramientas para obtener datos relevantes.

- **Entrada de Datos en CRM (Customer Relationship Management):** Registro y organización de información sobre clientes y prospectos en un sistema CRM para gestionar eficientemente las relaciones comerciales.

- **Minería de Datos:** Extracción de patrones y conocimientos significativos a partir de conjuntos de datos grandes, utilizando técnicas y algoritmos analíticos.

- **Extracción de Datos (Data Scraping):** Obtención automática de información de sitios web u otras fuentes en línea, generalmente para su posterior análisis o almacenamiento.

- **Trabajo de Copiar y Pegar:** Actividad que implica seleccionar información y transferirla de un lugar a otro, comúnmente realizada en programas de procesamiento de texto o hojas de cálculo.

- **Detalles de Contacto desde Sitios Web:** Obtención de información de contacto, como direcciones de correo electrónico o números de teléfono, desde sitios web específicos.

- **PDF a MS Excel/Word:** Conversión de datos desde archivos PDF a formatos editables como Microsoft Excel o Word.

- **Imagen a MS Excel/Word:** Transferencia de datos desde imágenes a formatos editables como Microsoft Excel o Word.
- **Tipeo en Excel/Word:** Inserción manual de datos en hojas de cálculo de Excel o documentos de Word.
- **Entrada de Datos de Tarjetas de Presentación:** Registro de información contenida en tarjetas de presentación en bases de datosdigitales.
- **Listado de Productos de Comercio Electrónico:** Creación y mantenimiento de listados detallados de productos en plataformas de comercio electrónico.
- **Entrada de Datos en WordPress:** Introducción y gestión de contenido en sitios web basados en la plataforma WordPress.
- **Búsqueda de Correos Electrónicos/Listado de Correos Electrónicos**: Localización y compilación de direcciones de correo electrónico, a menudo con fines de marketing.
- **Tipeo Manual:** Inserción de datos mediante el teclado de manera manual, sin el uso de herramientas automatizadas.
- **Extracto Bancario a Excel:** Conversión de información contenida en extractos bancarios a formatos editables como Microsoft Excel.
- **Imagen/Página Escaneada a Word/Excel:** Transformación de datos desde imágenes o páginas escaneadas a formatos editables como Microsoft Word o Excel
- **Búsqueda de Detalles de Contacto:** Investigación y localización de información específica sobre contactos comerciales, como direcciones y números de teléfono.
- **Entrada Manual en LinkedIn:** Registro manual de información en perfiles de LinkedIn, una red social profesional.
- **Recopilación de Datos Legales:** Reunión de información relevante para cuestiones legales, como documentos, precedentes o datos jurisprudenciales.
- **Generación de Leads:** Identificación y captura de información sobre clientes potenciales interesados en un producto o servicio.
- **Listas de Leads:** Creación y mantenimiento de listas que contienen información detallada sobre clientes potenciales.

- **_Investigación de Leads de Ventas:_** Proceso de indagar y recopilar información estratégica sobre clientes potenciales para impulsar iniciativas de ventas.

- **_Búsqueda de Correos Electrónicos:_** Localización y obtención de direcciones de correo electrónico para fines específicos, como campañas de marketing.

- **_Búsqueda de Números de Teléfono:_** Identificación y recopilación de números de teléfono, a menudo con propósitos comerciales o de contacto.

- **_Marketing por Correo Electrónico:_** Estrategia de promoción y publicidad que utiliza el correo electrónico como canal principal para llegar a clientes potenciales y existentes.

En entornos empresariales y de marketing, donde la precisión y la eficiencia en la manipulación de datos son cruciales, se requiere poseer habilidades específicas. Estas habilidades abarcan la gestión de datos, investigación en línea y generación de clientes potenciales. En este contexto, es esencial tener la capacidad para realizar tareas como la recopilación, organización y procesamiento de información, así como la habilidad para la conversión de datos de un formato a otro. Ya sea trabajando como freelance o a través de una empresa, contar con estas competencias resulta fundamental para destacar en roles que demandan destrezas en la administración y transformación de datos.

Uso Eficiente del Teclado y SoftwareEspecializado

El dominio del teclado y la familiaridad con software especializado son pilares fundamentales en el repertorio de habilidades de un Especialista en Data Entry. Aquí exploraremos cómo estos elementos contribuyen ala eficiencia y precisión en la captura y gestión de datos.

Habilidad con el Teclado

La habilidad para utilizar el teclado de manera eficiente, incluyendo una escritura rápida y el conocimiento de atajos de teclado para optimizar la eficiencia.
El uso experto del teclado permite al especialista ingresar datos de manera rápida y precisa, maximizando la productividad y reduciendo el tiempo dedicado a tareas repetitivas.

- **Velocidad de Escritura Rápida:** El especialista practica y mejora su velocidad de escritura para mantener un flujo de trabajo ágil.
- **Conocimiento de Atajos de Teclado:** Se familiariza con atajos de teclado comunes y específicos de las aplicaciones que utiliza, acelerando el proceso de entrada de datos.

Software Especializado

La familiaridad y competencia en el uso de herramientas de software específicas para tareas de data entry.
El uso de software especializado optimiza la eficiencia y la calidad del trabajo, proporcionando herramientas específicas para diferentes aspectos de la entrada de datos y la investigación

- **Microsoft Excel:** Dominio de las funciones avanzadas de Excel, como fórmulas, filtros y tablas dinámicas, para la manipulación y análisis de datos.
- **Microsoft Word:** Utilización eficiente para la creación de documentos y la transcripción de información.
- **CRM (Customer Relationship Management):** Familiaridad con plataformas como Salesforce, HubSpot o Zoho CRM para la entrada y gestión de datos de clientes.
- **Herramientas de Minería de Datos:** Uso de software como RapidMiner, KNIME o Python con bibliotecas como pandas para la extracción y análisis de patrones en grandes conjuntos de datos.
- **OCR (Optical Character Recognition):** Empleo de herramientas como Adobe Acrobat o ABBYY FineReader para la conversión de datos desde documentos escaneados o imágenes.
- **Plataformas de Comercio Electrónico:** Competencia en la entrada de datos en plataformas como Shopify, WooCommerce o Magento para mantener actualizados los listados de productos.
- **LinkedIn y Redes Sociales Profesionales:** Uso eficiente para la entrada manual de datos y la investigación de leads.
- **Herramientas de Automatización:** Conocimiento de herramientas como Zapier o Integromat para automatizar tareas repetitivas y mejorar la eficiencia.

La combinación de habilidades con el teclado y el uso experto de software especializado permite al Especialista en Data Entry abordar tareas complejas con eficacia. Al mantenerse actualizado con las últimas herramientas y técnicas, el profesional garantiza un enfoque eficiente y preciso en el manejo de la información, optimizando cada paso del proceso de data entry. En el capitulo 3 hablaremos de lastecnologías más utilizadas.

Gestión del tiempo y priorización detareas.

La gestión eficiente del tiempo y la capacidad para priorizar tareas son habilidades cruciales para un Especialista en Data Entry. Esta capacidad no solo garantizan el cumplimiento de plazos, sino que también optimizan la productividad y la calidad del trabajo. Aquí se detalla cómo estas habilidades se aplican y algunos recursos para su implementación.

Gestión del Tiempo

La planificación y distribución efectiva del tiempo para cumplir con plazos y maximizar la productividad.

La gestión del tiempo asegura un flujo de trabajo constante y evita retrasos en la entrega de proyectos, manteniendo la eficiencia en elmanejo de datos.

- *Planificación Efectiva:* El especialista elabora un plan detallado para asignar tiempo a cada tarea, considerando la complejidad y los plazos de entrega.
- *Priorización de Actividades:* Identificación de tareas críticas y clasificación según su urgencia e importancia.
- *Seguimiento de Tiempo:* Utilización de herramientas para el seguimiento del tiempo dedicado a cada tarea, permitiendo ajustes para mejorar la eficiencia.

Priorización de Tareas

La capacidad para identificar y ordenar tareas según su relevancia y urgencia.

La priorización garantiza que las tareas más cruciales se aborden primero, optimizando la eficiencia y la contribución al éxito general del proyecto.

- ***Identificación de Tareas Críticas:*** Reconocimiento de aquellas tareas que tienen un impacto significativo en la calidad y éxito del proyecto.
- ***Establecimiento de Prioridades:*** Clasificación de tareas en función de su urgencia y relevancia, asignando recursos de manera efectiva.
- ***Flexibilidad en la Priorización:*** Adaptación a cambios en la prioridadde tareas según las necesidades del proyecto

Plataformas para Gestión del Tiempo y Trabajo

- **Asana:**
- Características: Permite la creación de proyectos, asignación detareas y seguimiento del progreso.
- **Trello:**
- Características: Utiliza tableros visuales para organizar tareas yproyectos, facilitando la colaboración en equipo.
- **Todoist:**
- Características: Herramienta intuitiva para la gestión de tareas confuncionalidades de programación y recordatorios.
- **Clockify:**
- Características: Herramienta de seguimiento de tiempo que ayuda aevaluar el tiempo dedicado a cada tarea y proyecto.
- **Microsoft To Do:**
- Características: Integrada con Microsoft Office, facilita La organización de tareas y la colaboración.

CAPÍTULO III

Herramientas y Tecnologías en
Data Entry

Herramientas y Tecnologías en Data Entry

El uso de software adecuado es crucial en el proceso de Data Entry para garantizar eficiencia, precisión y una gestión efectiva de la información. Aquí exploraremos tres categorías clave de software utilizadas en Data Entry: Microsoft Excel, Google Sheets y Herramientas Especializadas.

Microsoft Excel:

Microsoft Excel es una herramienta de hoja de cálculo ampliamente utilizada que permite la entrada, manipulación y análisis de datos en formato tabular.

Características Clave:

- Celdas y Hojas de Cálculo: Organiza datos en celdas y hojas decálculo para una fácil visualización.
- Funciones y Fórmulas: Ofrece una amplia variedad de funciones y fórmulas para realizar cálculos y manipular datos.
- Gráficos y Gráficos Dinámicos: Facilita la representación visual dedatos a través de gráficos y gráficos dinámicos.
- Filtros y Ordenamiento: Permite filtrar y ordenar datos para unanálisis más específico.
- Compatibilidad con Otras Aplicaciones de Microsoft: Se integra conotras aplicaciones de Microsoft, como Word y PowerPoint.

Google Sheets:

Google Sheets es una herramienta de hoja de cálculo basada en la nube proporcionada por Google, que permite la colaboración en tiempo real y el acceso desde cualquier dispositivo conectado a Internet.

Características Clave:

- **Colaboración en Tiempo Real:** Permite a múltiples usuarios colaborar simultáneamente en una hoja de cálculo.

- Almacenamiento en la Nube: Guarda automáticamente los cambios ypermite el acceso a los datos desde cualquier lugar.
- Integración con Google Drive: Se integra con Google Drive para unfácil almacenamiento y gestión de archivos.
- Funciones Avanzadas: Ofrece funciones avanzadas para cálculos yanálisis de datos

Herramientas Especializadas

Herramientas especializadas de Data Entry están diseñadas específicamente para tareas de entrada y gestión de datos, ofreciendo funcionalidades más avanzadas y personalizadas.

Ejemplos de Herramientas Especializadas:

- **Typeform:** Herramienta de creación de formularios interactivos para recopilación de datos.
- **ABBYY FineReader:** Software de reconocimiento óptico de caracteres (OCR) para extraer información de imágenes ydocumentos escaneados.
- **Kofax:** Plataforma de automatización inteligente que incluye funcionalidades de captura y procesamiento de datos.
- **Zoho Forms:** Herramienta para la creación y gestión de formularios y encuestas.

Reconocimiento Óptico de Caracteres(OCR):

El Reconocimiento Óptico de Caracteres (OCR) es una tecnología que permite la digitalización de texto impreso o escrito a mano para convertirlo en texto editable y procesable por una computadora. Esta tecnología ha revolucionado la forma en que manejamos documentos, ya que facilita la extracción de información de imágenes y documentos físicos. Aquí se exploran los aspectos clave del OCR y su aplicación en laentrada de datos.

Funcionamiento del OCR

- **Principio Básico:** El OCR funciona mediante el análisis de imágenes o documentos escaneados para identificar patrones que representan caracteres. Luego, asigna a cada patrón un equivalente alfanumérico, convirtiendo la imagen en texto que puede ser editado y procesado por computadoras.

Proceso General

- **Escaneo de Documentos:** Se escanean imágenes o documentos físicos que contienen texto.
- **Segmentación de Caracteres:** El OCR identifica y segmenta cada carácter en la imagen.
- **Reconocimiento de Patrones:** Se comparan los patrones de cada segmento con una base de datos de caracteres conocidos.
- **Generación de Texto Editable:** Los caracteres reconocidos se ensamblan para formar texto editable.

Aplicaciones en Data Entry

- **Extracción de Datos de Documentos Físicos:** El OCR permite la extracción de datos de documentos impresos, como facturas, formularios y recibos, simplificando la entrada de datos manual.
- **Digitalización de Archivos Antiguos:** Facilita la conversión de documentos antiguos o manuscritos en formato digital, permitiendo la entrada de datos y la preservación de información.
- **Reconocimiento de Tarjetas de Visita:** Las aplicaciones de OCR pueden extraer automáticamente información de tarjetas de visita, agilizando la creación de contactos en bases de datos.
- **Automatización de Procesos de Documentación:** El OCR se integra en flujos de trabajo automatizados para procesar grandes volúmenes de documentos de manera eficiente.

Herramientas y Software de OCR:

- **ABBYY FineReader:** Ofrece funciones avanzadas de OCR, incluida lacapacidad de reconocer varios idiomas y formatos de documento.
- **Adobe Acrobat OCR:** Integrado en Adobe Acrobat, permite convertirimágenes y documentos escaneados en texto editable.
- **Tesseract OCR:** Una herramienta de código abierto con capacidadesavanzadas de reconocimiento de caracteres.
- **Google Cloud Vision OCR:** Ofrece servicios de OCR basados en la nube con reconocimiento de texto y características avanzadas.

Desafíos y Consideraciones

Calidad de la Imagen: La precisión del OCR depende en gran medida dela calidad de la imagen original.

Reconocimiento de Manuscritos: Reconocer texto escrito a mano puedeser más desafiante que el texto impreso.

Idiomas y Fuentes: Algunos sistemas OCR pueden tener dificultades con idiomas menos comunes o fuentes no estándar.

Automatización de Tareas Repetitivas

La automatización de tareas repetitivas es una habilidad esencial para un Especialista en Data Entry. Al aprovechar herramientas y procesos automáticos, se libera tiempo valioso, se reducen errores humanos y se mejora la eficiencia en el manejo de datos. Aquí se profundiza en la importancia de la automatización y se presentan algunas herramientas comunes.

Beneficios:

- Ahorro de Tiempo: Libera al especialista de tareas monótonas, permitiéndole centrarse en tareas más estratégicas y analíticas.
- Reducción de Errores: La automatización minimiza la posibilidad de errores humanos en tareas repetitivas, mejorando la precisión de los datos.
- Eficiencia Mejorada: Las tareas automatizadas pueden realizarse de manera más rápida y consistente que si se hicieran manualmente.
- Mejora la Productividad: Al optimizar el flujo de trabajo, se aumenta la productividad general del especialista y del equipo.

Algunas Herramientas Comunes para Automatización

- **Zapier:**
- Características: Conecta diferentes aplicaciones y automatiza flujosde trabajo mediante "Zaps" que vinculan eventos y acciones.
- **Integromat:**
- Características: Ofrece automatización avanzada con la capacidad de conectar múltiples aplicaciones y realizar acciones más complejas.
- **Microsoft Power Automate:**
- Características: Parte de Microsoft 365, automatiza procesos en aplicaciones de Microsoft y otras plataformas.

Ejemplos de Automatización en Data Entry

- Actualización de Bases de Datos: Automatizar la actualización de bases de datos con información proveniente de formularios en línea o correos electrónicos.
- Conversión de Formatos: Utilizar scripts para convertir automáticamente archivos PDF o imágenes a formatos editables como Excel o Word.

- **Gestión de Correos Electrónicos:** Automatizar la clasificación y archivado de correos electrónicos según criterios predefinidos.
- **Entrada en Plataformas de CRM:** Automatizar la entrada de datos en sistemas CRM cuando se reciben nuevos contactos o leads.
- **Generación de Reportes:** Crear scripts que extraigan datos demúltiples fuentes y generen informes automáticamente.

Desarrollo de Habilidades:

- **Identificación de Tareas Automatizables:** El especialista debe identificar tareas repetitivas y basadas en reglas que puedan beneficiarse de la automatización.
- **Aprendizaje de Herramientas:** Familiarizarse y aprender a utilizar herramientas de automatización específicas para aplicarlas de manera efectiva.
- **Desarrollo de Scripts (si es aplicable):** En casos avanzados, el especialista puede aprender a desarrollar scripts personalizados para tareas específicas.

La habilidad para automatizar tareas repetitivas no solo mejora la eficiencia personal, sino que también demuestra una mentalidad proactiva y orientada a la optimización del trabajo. Al integrar la automatización en el flujo de trabajo diario, el Especialista en Data Entry puede lograr una gestión de datos más eficiente y precisa.

CAPÍTULO IV

Normas y Buenas Prácticas en Data Entry

Métodos para la verificación y validación de datos.

La verificación y validación de datos son procesos cruciales en la entrada de datos, asegurando que la información sea precisa, confiable y cumpla con los estándares de calidad establecidos. Aquí exploraremos diversos métodos diseñados para confirmar la integridad y exactitud de los datos ingresados, brindando una capa adicional de seguridad y confianza en la gestión de la información.

Verificación Doble:

- Consiste en tener un segundo par de ojos revisando los datosdespués de su entrada inicial.
- Un segundo operador revisa y verifica la información para detectar posibles errores o discrepancias.

Beneficios:

- Identificación eficiente de errores.
- Reducción de posibles omisiones o malentendidos.

Validación Automática:

- Uso de sistemas y algoritmos automáticos para evaluar la calidad yprecisión de los datos.
- Utilización de herramientas informáticas para verificar la coherenciay exactitud de los datos ingresados.

Beneficios:

- Rapidez en la detección de errores. Automatización de
- procesos de validación.

Validación Cruzada:

Comparación de datos provenientes de múltiples fuentes para confirmarsu consistencia.

Verificación de la coherencia de los datos al compararlos con información de fuentes independientes.

Beneficios:

- Confirmación de la precisión mediante concordancia entre fuentes.
- Identificación de posibles discrepancias.

Uso de Reglas de Validación:

Establecimiento de reglas específicas que los datos deben seguir paraconsiderarse válidos.

Implementación de reglas automatizadas que verifican si los datoscumplen con criterios predeterminados.

Beneficios:

- Estandarización de la entrada de datos.
- Identificación rápida de datos que no cumplen con las reglas establecidas.

Auditorías de Calidad:

Revisiones sistemáticas y periódicas de los datos para evaluar sucalidad y conformidad con los estándares.

Auditorías programadas para revisar la calidad de los datos y proporcionar retroalimentación.

Beneficios:

- Identificación de tendencias o patrones de error. Mejora
- continua de los procesos de entrada de datos.

Importancia de proteger la información.

La importancia de proteger la información en la entrada de datos es fundamental para salvaguardar la integridad, confidencialidad y disponibilidad de los datos. En un entorno donde la información es un activo valioso, medidas de seguridad adecuadas son necesarias para prevenir accesos no autorizados, pérdida de datos o manipulación maliciosa. La protección de la información no solo cumple con estándares éticos y legales, sino que también construye la confianza de los usuarios y clientes al garantizar que sus datos estén resguardados de manera efectiva. La implementación de prácticas de seguridad, como el cifrado, el control de accesos y la monitorización constante, es esencial para mitigar riesgos y preservar la integridad de los datos en todo momento.

CAPÍTULO V

Trabajar en Remoto como Experto en Data Entry

PAUTAS PARA EMPEZAR A BUSCAR TRABAJO REMOTO O FREELANCER

La transición hacia el trabajo remoto o freelance puede ser emocionante, pero también requiere una planificación estratégica. Aquí tienes algunas pautas para comenzar tu búsqueda de trabajo en este ámbito:

1. **Define tus Habilidades:**

- Identifica tus habilidades clave y áreas de experiencia. Esto te ayudará a enfocarte en oportunidades que se alineen con tus fortalezas.

2. **Crea un Perfil Profesional:**

- Construye perfiles sólidos en plataformas profesionales como LinkedIn, Upwork o Freelancer. Destaca tu experiencia, habilidades ylogros relevantes.

3. **Construye un Portafolio:**

- Desarrolla un portafolio en línea que muestre ejemplos de tu trabajo anterior. Esto proporcionará a los posibles empleadores una visión concreta de tu capacidad.

4. **Establece un Currículum Actualizado:**

- Adapta tu currículum para resaltar experiencias relevantes para el trabajo remoto o freelance. Destaca proyectos anteriores, habilidades técnicas y logros cuantificables.

5. **Investiga Plataformas y Bolsas de Trabajo:**

- Explora plataformas de trabajo remoto y freelancers, como Upwork, Fiverr, Remote OK, y más. Investiga las oportunidades disponibles y los requisitos específicos.

6. **Optimiza tu Presencia en Redes Sociales:**

- Asegúrate de que tus perfiles en redes sociales reflejen tu profesionalismo. Únete a grupos relevantes y redes profesionales para ampliar tu alcance.

7. **Establece una Rutina de Búsqueda:**

- Dedica tiempo regular a la búsqueda de oportunidades. Configura alertas de empleo y revisa las nuevas publicaciones con frecuencia.

8. **Networking:**

- Conecta con profesionales de tu industria. La red puede proporcionar valiosas oportunidades y consejos sobre el trabajo remoto.

9. **Participa en Comunidades en Línea:**

- Únete a comunidades en línea relacionadas con tu campo. Foros, grupos de LinkedIn y otras plataformas pueden ser fuentes valiosas de información y oportunidades.

10. **Desarrolla Habilidades Remotas:**

- Aprende y mejora habilidades que son fundamentales para el trabajo remoto, como comunicación virtual efectiva, gestión del tiempo y el uso de herramientas colaborativas en línea.

11. **Prepárate para Entrevistas Virtuales:**

- Familiarízate con las entrevistas virtuales. Asegúrate de tener una conexión confiable, un espacio de trabajo ordenado y practica respuestas a preguntas comunes.

12. **Sé Proactivo:**

- Envía propuestas y solicitudes de trabajo de manera proactiva. Muestrainterés en proyectos específicos y personaliza tus aplicaciones.

Al seguir estas pautas, estarás mejor preparado para ingresar al mundo del trabajo remoto o freelance con confianza y orientación. Recuerda quela perseverancia y la adaptabilidad son clave en este entorno laboral en constante cambio.

Aquí tienes una lista de plataformas y bolsas de trabajo quepuedes explorar para buscar y ofrecer servicios como especialista en Data Entry:

Plataformas Generales de Freelance:
- *Upwork:* Ofrece una amplia gama de trabajos, incluyendo proyectosde entrada de datos.
- *Freelancer:* Conecta a freelancers con empleadores de todo elmundo.
- *Fiverr:* Enfocada en trabajos más pequeños y especializados, idealpara servicios específicos de Data Entry.
- *Guru:* Plataforma para encontrar trabajadores independientes endiversas categorías, incluyendo entrada de datos.

Plataformas Especializadas en Entrada de Datos:
- *Clickworker:* Se centra en microtrabajos, incluyendo tareas de entrada de datos.
- *Amazon Mechanical Turk:* Ofrece tareas sencillas de entrada de datos y microtrabajos.
- *DataPlus+:* Especializada en proyectos de entrada de datos y procesamiento de información.
- *Cass Information Systems:* Proporciona oportunidades para profesionales de entrada de datos, especialmente en el área financiera.

Bolsas de Trabajo Remoto:
- *Remote OK:* Lista empleos remotos en diversas categorías,incluyendo entrada de datos.
- *We Work Remotely:* Enfocada en empleos remotos en diversas áreas, incluyendo trabajos de entrada de datos.
- *FlexJobs:* Ofrece empleos flexibles y remotos, incluyendooportunidades para especialistas en entrada de datos.

Plataformas Locales y Globales:

- **LinkedIn:** Útil para establecer conexiones profesionales y buscaroportunidades en empresas locales e internacionales.
- **Glassdoor:** Proporciona listados de empleos y revisiones de empresas, incluyendo trabajos de entrada de datos.
- **Indeed:** Un motor de búsqueda de empleo que incluye oportunidadespara especialistas en entrada de datos.

CONCLUSIÓN

¡Hey, exploradores del Data Entry! En este viaje, hemos desglosado el rol crucial de ingresar datos en un mundo digital que nunca deja de moverse. Desde entender por qué la entrada de datos es la roca de la toma de decisiones empresariales hasta desentrañar las habilidades clave para ser un maestro en este juego, hemos recorrido un camino lleno de consejos prácticos y trucos astutos.

Te contamos cómo empezar a buscar trabajos remotos o freelance en el mundo del Data Entry, dándote el mapa para adentrarte en esta jungla digital. Hemos buceado en la importancia de proteger la información como si fuera un tesoro, porque, seamos sinceros, en la era de la información, los datos son el nuevo oro.

Desde estándares de calidad hasta estrategias para evitar esos molestos errores de tipeo, hemos cubierto todo. Y para aquellos que aspiran a ser especialistas en Data Entry, te dimos la hoja de ruta y las habilidades que necesitas para destacar en este juego.

Cerramos el libro hablándote sobre ser un freelancer en Data Entry, dándote las claves para trabajar en pijama si eso es lo tuyo. Además, te motivamos a ser más que un tecladista, a ser el arquitecto detrás de decisiones empresariales inteligentes.

Así que, gracias por unirte a esta aventura. Que cada clic de tecla te acerque más a la maestría en Data Entry. ¡Y que tus datos siempre estén en orden! ¡Hasta la próxima!

Autor: Uzzi Plaz
Especialista en Marketing digital y
Tecnología de la información

www.ingramcontent.com/pod-product-compliance
Lightning Source LLC
LaVergne TN
LVHW081807050326
832903LV00027B/2139